AF139168

Markus Peter

Den Letzten beißen die Hunde

Online-Schneeball-Systeme. Wie sie funktionieren, wie man sie erkennt und durchschaut und warum damit fast jeder verliert.

Bibliografische Information der Deutschen Nationalbibliothek:

Die Deutsche Nationalbibliothek verzeichnet diese Publikation in der Deutschen Nationalbibliografie; detaillierte bibliografische Daten sind im Internet über http://dnb.dnb.de abrufbar.

Herstellung und Verlag: BoD – Books on Demand, Norderstedt

ISBN: 978-3-7386-3141-8

Inhaltsverzeichnis

Vorwort

Alle paar Monate lädt mich ein lieber Bekannter ein, einem Online-Wundersystem beizutreten, wo ich quasi fürs Nichtstun bezahlt werde. Viele davon verweisen dabei auf eigene, hohe Gewinne und die Möglichkeit, so ein passives Einkommen aufzubauen und damit finanziell unabhängig zu werden.

Unlängst hat mir ein Bekannter, der selbst seine Dienste (noch) als Strategieberater anbietet, wieder einmal von einer wundervollen Möglichkeit erzählt, durch die er mit einem einmaligen Einsatz von weniger als 50 US$ und täglich zehn Minuten Aufwand inzwischen über 7000 US$ verdient habe. Die Einnahmen würden monatlich steigen und Ende des Jahres sei er soweit, dass er nur noch davon leben könne. Dann würde er mit täglich zehn Minuten Aufwand mehr Geld als je zuvor in seinem Leben verdienen.

Das hat mich neugierig gemacht, und ich habe mir diese Quelle der Geldvermehrung etwas genauer angeschaut. Resultat: Es handelt sich um ein gut verpacktes Schneeballsystem, und ich weiß nun, dass ich den Bekannten wohl niemals jemandem als Unternehmensberater empfehlen kann, da er dies nicht durchschaut hat.

Tatsächlich leben solche Systeme von drei maßgeblichen Elementen, die das besagte Angebot, wie auch unzählige andere, geradezu perfektioniert haben.

In diesem Buch möchte ich Ihnen darstellen, wie solche Systeme funktionieren, warum sie illegale Schneeballsysteme sind, warum schlussendlich (fast) jeder dabei verliert und wie sie solche Plattformen sehr schnell erkennen und meiden können.

Da ich mir bewusst bin, dass die Betreiber solcher Systeme oft extrem hohe Profite erreichen und es zumindest plausibel ist, dass dabei auch Kreise mitverdienen, welche ihre Interessen notfalls auch mit Gewalt durchsetzen, verzichte ich darauf, in diesem Buch irgendwelche konkreten Namen zu nennen und überlasse es Ihnen, anhand der vermittelten Informationen zu prüfen, ob und wie weit ein Angebot, das Ihnen empfohlen wird, den genannten Kriterien entspricht.

Wir bauen ein Schneeballsystem

Um zu verstehen, wie Online-Schneeballsysteme funktionieren, lassen Sie uns gemeinsam überlegen, was die Voraussetzungen für ein solches System sind.

Ein sympathisches Gesicht und eine positive Story

Die erste Herausforderung, der sich Menschen, die ein Schneeballsystem aufbauen wollen, gegenübersehen, ist, dass inzwischen weltweit sehr viele Menschen davon gehört haben, dass Schneeballsysteme am Ende nur ganz wenige Menschen reich machen und dafür die Mehrzahl ihrer Mitglieder Geld, Zeit und oft auch die Freunde, welche sie in das System gebracht haben, verlieren.

Die Verpackung des ganzen Systems ist also sehr wichtig. Dies umfasst mehrere Aspekte. Zum einen ist es wichtig, eine Legende zu schaffen.

Beispielsweise: Der Gründer hat jahrelang versucht, ein seriöses System zu finden, wie er im Internet Geld verdienen kann, und ist dabei auf viele Angebote gestoßen, die nur darauf ausgerichtet waren, den Nutzern das Geld aus der Tasche zu ziehen. (Damit stellt sich der Anbieter quasi in die Position seines Zielpublikums, das im Allgemeinen dieselben Erfahrungen gemacht hat). Schließlich hat er (in manchen Fällen aus eigener Eingabe, meist aber durch Gespräche mit brillanten Forschern, Professoren oder Top-Unternehmern) ein »unfehlbares System« gefunden, was er nun betreibt. Er hat es sich zum Lebensziel gemacht, anderen Menschen, die wie er Systeme suchen, wie sie einfach (wenig Aufwand - man möchte ja nicht müde werden) und sicher viel Geld verdienen können, zu helfen.

Selbstverständlich ist es wichtig, dass der Betreiber ein Sympathieträger ist, mit dem sich potenzielle Kunden identifizieren können. Ob es diesen Betreiber wirklich gibt, seine Bilder echt, eingekauft oder retouchiert sind und ob der Betreiber ein Strohmann ist oder selbst wirklich etwas zu sagen hat, ist dabei weitgehend egal. Der Schein zählt. Idealerweise ist diese Person auch – basierend auf seiner Lebensgeschichte – ein Sympathieträger. In den USA kommen da Menschen mit einem militärischen Hintergrund ganz gut an. Auch Feuerwehrmänner, Menschen aus dem Gesundheitswesen oder aber erfolgreiche Manager und Unternehmer wirken besonders gut.

Geringe Einstiegshürden

Ein wichtiges Merkmal eines guten Schneeballsystems ist die geringe Einstiegshürde. Muss ein »Mitspieler« einen Bankkredit aufnehmen oder den Familienrat einberufen, bevor er sich einschreibt, dann wird er es in aller Regel nicht tun. Ein gutes System funktioniert genau dann, wenn der Teilnehmer sich spontan entscheiden kann und der eingesetzte Betrag ihm einfach zur Verfügung steht.

Es richtet sich an Impulsteilnehmer, denn die Begeisterung, welche durch ein Testimonial, ein Online-Video oder Ähnliches entfacht wurde, flacht extrem schnell wieder ab. Hat sich der Teilnehmer bis dahin nicht eingeschrieben, wird er es kaum mehr tun. Zugleich soll der Betrag groß genug sein, dass der Teilnehmer daran interessiert ist, ihn - und die daraus erwachsenden Profite - wieder zurückzuerhalten.

Beträge im Bereich von 40-90 US$ oder Euros sind hier ideal. Was darüber liegt, bedeutet für viele Teilnehmer eine zu hohe Hürde und lässt sie zweimal über das Investment nachdenken. Kleinere Beträge beinhalten das Risiko, dass der Teilnehmer sie abschreibt und verfallen lässt.

Man möchte nun glauben, dass die Plattformbetreiber genau solche Kunden lieben würden, die einmalig Geld einbezahlen und dann nie mehr erscheinen und das Geld sozusagen dem Betreiber »schenken«. Genau das Gegenteil ist der Fall. Die Plattformbetreiber sind sich bewusst, dass sie einen Großteil des Geldes ohnehin bekommen werden.

Teilnehmer, die nach kurzer Zeit »abspringen«, bedeuten für den Plattformbetreiber aus mindestens zwei Gründen einen erheblichen Verlust. Zum einen werden sie selbstverständlich keine weiteren Mitglieder werben; ein stetiger Zufluss neuer Mitglieder ist aber die Grundlage für gute Einnahmen des Betreibers. Andererseits werden Teilnehmer, welche gleich wieder abspringen, nicht gierig und investieren nicht in weitere Anteile und Leistungen des Betreibers. Genau hier liegt aber der eigentliche Profit des Plattformbetreibers.

Permanentes Reinvestment

Der Erfolg eines Online-Schneeballsystems basiert zu einem guten Teil darauf, dass die Teilnehmer gierig werden. Sie haben etwas Geld investiert und festgestellt, dass der Betreiber sein Versprechen einhält. Manche, die ganz sicher gehen wollen, lassen sich ihren Gewinn sogar auszahlen - andere begnügen sich damit, zu sehen, dass ihr Kontostand permanent wächst. Für den Betreiber ist beides gut. In beiden Fällen wächst das Vertrauen des Teilnehmers in das System und er zappelt im Netz.

Nun hat er sozusagen den »Beweis«, dass alles auf der Plattform mit rechten Dingen zugeht (sonst hätten sie sein Geld nicht ausbezahlt) und er beginnt richtig zu investieren und spätestens jetzt auch alle Menschen in seiner Umgebung anzusprechen und für das System zu gewinnen.

Außerdem wird er sein Geld wieder investieren und möglichst noch alles weitere Geld, was er irgendwie zur Verfügung hat, einbringen, um möglichst viele Gewinnanteile zu besitzen. Einen Profit von 10%, 20% oder mehr innerhalb einiger Wochen kann er - gerade in der Zeit der Negativzinsen - kaum irgendwo anders erreichen. Der Erfolg des Systems braucht die Gier der Teilnehmer - sie stellt sicher, dass die Teilnehmer das Geschäftskonzept nicht kritisch hinterfragen und spontan mehr investieren, als sie sich leisten könnten.

Kleine Abgaben an den Betreiber

Typischerweise bekommt der Plattformbetreiber einen kleinen Anteil des gesamten eingesetzten Betrages. Das sind typischerweise 3-10%, also ein Anteil, der von den

Teilnehmern als fair empfunden wird. Da sie einen »Profit« von 20-30% erwarten, sind sie »großzügig« und gestehen demjenigen, der dieses Wunder möglich macht, gern auch einen kleinen Anteil zu.

Was die meisten dabei nicht durchschauen, ist, dass durch das permanente Reinvestment der Beträge, welche die Grundlage des Systems bilden, nach einigen Reinvestments der eingesetzte Betrag an den Betreiber geflossen ist. Dieser Betrag wird von diesem schnellstmöglich als Löhne, Provisionen, weitere Leistungen aus dem System genommen, um das Geld dann, wenn das Schneeballsystem zusammenfällt und insolvent wird, in Sicherheit zu wissen.

Hohe Motivation, neue Mitglieder zu werben

Das permanente Reinvestment der eingesetzten Gelder ist eine Kernanforderung der Betreiber. Daneben ist es für sie wichtig, dass immer mehr Teilnehmer im System mitmachen. Sie sind sich bewusst: Jeder, der mitmacht, wird im besten Fall seinen gesamten Einsatz an sie verlieren und eine enorme Zahl seiner Freunde und Bekannte mit ins System reißen. Damit vergrößern sich die Einnahmen der Betreiber (die 5%) in manchen Fällen geradezu exponentiell.

Ein »Produkt« oder eine »Dienstleistung«, welche sich automatisieren lässt und keine weiteren Kosten verursacht.

Eigentlich geht es beim gesamten System ausschließlich um eine Umverteilung der Beiträge. Des Scheines wegen muss es

trotzdem ein Produkt oder eine Leistung geben, mit der auf der Plattform Geld verdient
wird.

In vielen Fällen wird dies durch Online-
Werbung begründet. Diese kann entweder
einfach geschaltet und angeschaut oder ge-
klickt werden. Wichtige Anforderungen sind
dabei: Es muss ein »Produkt« sein, bei dem
es plausibel ist, dass hohe Umsätze fließen.
Daneben muss das Produkt einfach online
nutzbar sein. Der Betreiber ist nicht daran
interessiert, eine große Logistik aufzubauen
oder viele Supporter oder Berater zu be-
schäftigen. Das alles würde von seinem Gewinn abfließen. Nur Leistungen, welche permanent benötigt werden und automatisiert
angeboten werden können, sind tauglich.

Der versprochene Profit

Bei der Festsetzung des zu erwartenden Profites ist der Plattformbetreiber weitgehend frei. Er könnte dem Kunden eine Verdoppelung seines Einsatzes oder 10% Gewinn anbieten, denn er ist sich schon zu Beginn bewusst, dass er langfristig weitgehend der Einzige sein wird, der wirklich vom System profitiert. Entsprechend muss der versprochene Profit die folgenden Kriterien erfüllen:

- Er muss attraktiv genug sein, dass Menschen investieren wollen.
- Die Profite müssen groß genug sein, dass Menschen die Einnahmen möglichst vollständig reinvestieren wollen und möglichst auch noch weiteres Geld zusammenkratzen, um noch schneller ihre Ziele - in vielen Fällen »finanzielle Unabhängigkeit« – zu erreichen.
- Die Profite dürfen nicht zu groß sein, da

ein allzu gutes Angebot bei gewissen potentiellen Teilnehmern Skepsis erregen würde; kann das überhaupt sein!?

- Die Profite sollen nicht zu groß sein, denn eine gewisse Anzahl von Menschen wird sich die Gewinne auszahlen lassen, sei es, weil sie das System (rechtzeitig) durchschaut haben, sei es, weil sie das Geld dringend für etwas anderes brauchen.

Gute Referenzen

Gerade der Start eines neuen Schneeballsystems ist nicht einfach. Zwar besteht die Möglichkeit, die »Spitzenpositionen« in der Pyramide mit Freunden und Bekannten zu füllen oder auch virtuelle Personen einzutragen. Tatsächlich lösen diese aber das Problem kaum. Das System braucht eine gewisse Mindestmenge an Teilnehmern, um zu funktionieren, denn nur erfolgreiche, glückliche Teilnehmer werden auch ihr Umfeld ins System reißen.

Um diese anzusprechen, empfiehlt es sich, Referenzen von angeblichen oder tatsächlichen Kunden großzügig in Social-Media-Kanälen zu verbreiten. Möglichst viele Menschen sollen aussagen, wie glücklich und erfolgreich sie mit dem System sind. Wenn dies nicht von allein geschieht, ist das auch kein Problem. Auf verschiedenen Freelancer-Plattformen werden solche Testimonials inkl. Upload auf Youtube oder andere Plattformen ab 5 US$ angeboten. Selbst wenn nur ganz wenige Zuseher sich einschreiben, läuft die Lawine schon los. Ob die Testimonials je selbst auf der Seite aktiv waren, kann ohnehin kein Außenstehender prüfen.

Damit haben wir die wichtigsten Elemente eines Online-Schneeballsystems. Nun braucht man nur noch jede Menge Menschen, die unbedingt Geld verdienen wollen und dabei genügend motiviert sind, um auf jeden Zug aufzuspringen, wenn er nur einigermaßen Erfolg versprechend erscheint.

Schneeballsysteme

Viele Menschen benutzen die Begriffe Schneeballsystem und Multi-Level-Marketing synonym. Tatsächlich handelt es sich um ganz unterschiedliche Themen, wobei zu sagen ist, dass viele Schneeballsysteme in Form eines Multi-Level-Marketing-Systems aufgebaut sind, aber nicht alle Multi-Level-Marketing-Systeme auch Schneeballsysteme sind.

Das Wort Multi-Level-Marketing bezeichnet einen Geschäftsansatz, bei dem für Verkäufe Provisionen über verschiedene Ebenen verteilt werden. Seriöse Multi-Level-Marketing-Systeme zeichnen sich dadurch aus, dass der Verkauf von Produkten oder Dienstleistungen im Zentrum steht und das Geld erwirtschaftet, mit dem die Provisionen ausgezahlt werden. Das kann per Definition immer nur ein Teil des vom Kunden bezahlten Betrages sein.

Schneeballsysteme imitieren den Multi-Level-Marketing-Ansatz. Sie verkaufen aber im Wesentlichen die Teilnahme und Mitgliedschaft und erzeugen keinen (oder kaum) Mehrwert. Die Einnahmen der Mitglieder werden intern so umverteilt, dass über kurz oder lang ein erheblicher Anteil der Einnahmen bei den Gründern landet.

Viele Schneeballsysteme versuchen sich den Anschein legaler Systeme zu geben, indem sie hauptsächlich virtuelle Güter oder Informationen verkaufen. Deren Erwerb steht aber bei den Kunden nicht im Zentrum, sondern die durch den Kauf erworbenen Anteile an den Einnahmen.

In vielen Ländern sind solche Systeme

zu Recht illegal, denn sie produzieren nicht nur keine Wertschöpfung, sondern sind darauf ausgerichtet, ihre Teilnehmer um deren Einsätze zu erleichtern. Wir werden noch sehen, warum solche Systeme für die Mehrheit der Teilnehmer zu Verlusten führen müssen. Dies ist von Anfang an geplant - und es geht den Betreibern nur darum, den Betrieb so lange wie möglich aufrechtzuerhalten, um selbst möglich viel Geld aus dem System zu ziehen.

Warum das Ganze nicht funktioniert und wer wirklich gewinnt

Lassen Sie uns nun anschauen, warum das Ganze nicht funktionieren kann:

Die Werbelüge

Tatsächlich basieren aktuell die meisten Online-Schneeballsysteme auf Online-Werbung. Die Teilnehmer müssen ein Werbepaket kaufen und bekommen dafür die Garantie, durch das Anschauen von Online-Werbung, das Klicken auf Banner oder das Schreiben eines Feedbacks o.ä. ausbezahlt zu werden. Da jeder schon davon gehört hat, dass Firmen wie Google mit Werbung Milliardenumsätze machen, ist es plausibel, dass man mit Online-Werbung Geld verdienen kann.

Meist wird suggeriert, dass die großen Gewinne, welche die Teilnehmer machen können, aus den Werbeanzeigen von Drittkunden stammen würden, welche statt Google-Werbung auf der entsprechenden Plattform Werbung schalten würden.

Tatsache ist, dass das Schalten von Online-Werbung auf Plattformen, wo Menschen dafür bezahlt werden, dass sie sich Werbung anschauen, für professionell arbeitende Marketing-Verantwortliche niemals in Frage käme, da der Streuverlust viel zu groß ist.

Schauen wir uns ein Beispiel an: Angenommen, Sie stellen eine bestimmte Grillwurst her und Sie haben ein Marketing-Budget von tausend Euros oder Dollars. Wo würden Sie Werbung machen? Auf einer Webseite für Vegetarier? Auf einer lokalen Webseite, wo Fleischliebhaber über neue

Grillspezialitäten diskutieren, oder auf einer Webseite, wo Menschen aus der ganzen Welt dafür bezahlt werden, irgendwelche Werbung anzuklicken und anzuschauen? Wo ist die Chance, Umsatz zu machen, für den Inserenten am größten?

Das Wichtigste bei einer Online-Werbung ist, möglichst genau die Zielgruppe anzusprechen. Werbung »an alle« ist schon wenig attraktiv, Werbung an Menschen, die diese nur lesen, um sich damit etwas zu verdienen und dann möglichst schnell zur nächsten gehen, um dort auch etwas zu verdienen, ist für einen Werbetreibenden als Totalverlust zu sehen.

Die einzigen Werbetreibenden, welche sich für Werbung auf der Plattform interessieren könnten, sind Betreiber anderer, ähnlicher Plattformen, die möglichst schnell weitere Kunden finden wollen. Deren Werbung allerdings wird von den meisten derartigen Anbietern abgelehnt.

Entsprechend werden auf der Plattform im Allgemeinen nur Menschen werben, welche die Werbung quasi als Bonus für ihre Teilnahme am Umverteilungssystem notgedrungen mit erworben haben.

Glauben Sie, dass damit Gewinn für die Plattform erwirtschaftet werden kann? - Nein, es ist ein reines Alibi, um zu erklären, wie die versprochenen Gewinne zustandekommen! Das Ganze wird dann noch in etwas Fachchinesisch gepackt, und es wird von Klickraten und Verweildauer gefaselt.

Der Unterschied zwischen Buchgewinn und realem Verdienst

Vielen Menschen ist der Unterschied zwischen einem Buchgewinn und einem realen Verdienst nicht klar. Wenn Sie zu einem bestimmten Zeitpunkt für 1000 US$ Aktien einkaufen, welche an der Börse gehandelt werden, so kann es sein, dass der Aktienkurs innerhalb kurzer Zeit erheblich steigt und die Aktien beispielsweise einen Monat später mit 1200 US$ bewertet sind.

Haben Sie nun etwas gewonnen? - Noch nicht. Aktuell ist es ausschließlich ein Buchgewinn, das heißt, Ihre Aktien wären zum Zeitpunkt, als die entsprechenden Informationen aktualisiert wurden, 200 US$ mehr wert gewesen. Sie haben also einen Buchgewinn von 200 US$ gemacht. Erst zu dem Zeitpunkt, an dem Sie die Aktien verkaufen, werden Sie entweder einen realen Gewinn oder Verlust machen. Dieser berechnet sich durch

die Differenz von Kaufpreis und Verkaufs-
preis, wobei sinnvollerweise auch die Bank-
und Börsenspesen in die Rechnung mitein-
bezogen werden sollten.

So ähnlich ist es auch mit Einnahmen in
Online-Schneeballsystemen. Die Betreiber
versprechen Ihnen beispielsweise, dass Sie
für den Erwerb eines Werbepaketes für US$
40 garantiert US$ 50 oder 80 zurückbekom-
men, wenn sie regelmäßig (ganz wichtig: Es
geht um die Kundenbindung) eine gewisse
Aktion ausführen.

Die Wahrscheinlichkeit ist extrem hoch,
dass Ihnen die entsprechenden Einnahmen
auch gutgeschrieben werden. Dabei werden
die Daten sehr häufig aktualisiert und es ste-
hen jedes Mal mindestens ein paar Cents
mehr auf dem Konto. Damit bringt man Sie
dazu, ab und zu hereinzuschauen und zu
sehen, wie Ihr Kapital wächst. So sind Sie

eher bereit, Ihr Investment aufzustocken, weil Sie durch mehr Anteile natürlich auch mehr Geld verdienen können. So kommt es, dass Menschen, die einst mit einem einzigen »Paket« eingestiegen sind, schon relativ bald Anteilspakete mit einem Kaufpreis von mehreren tausend Euros oder US$ besitzen.

Spätestens in diesem Moment ist die Falle bei den meisten Teilnehmern definitiv zugeschlagen. Wer würde jetzt noch aussteigen wollen!? In jeder Aktualisierung wächst Ihr Buchgewinn um Beträge, für die Sie zum Teil tage- oder wochenlang arbeiten müssten. Manche Teilnehmer werden Schulden machen, um noch mehr Anteile zu erwerben, und träumen schon vom roten Ferrari.

Kritisches Denken hat keinen Platz mehr - denn jede Kritik am System würde bedeuten, dass man seine eigenen Handlungen und Überzeugungen in Frage stellen müsste.

Und wie würde man vor den Freunden, Bekannten und Nachbarn dastehen, denen man seit Wochen und Monaten von der wundervollen Geldvermehrung vorgeschwärmt hat?

Wenn Sie nun tatsächlich auf die Idee kämen, sich Ihren Buchgewinn (das können durchaus auch mehrere tausend Euros oder US$ sein) auszahlen zu lassen, dann bekämen Sie diesen wahrscheinlich auch pünktlich in der erwarteten Höhe ausbezahlt. Ein weiteres Indiz, dass die Plattform seriös ist? Tatsächlich geht es hauptsächlich darum, Sie dazu zu bringen, dass Sie wieder einsteigen und der ganzen Welt von Ihrem Glück erzählen - damit sind Sie ein idealer Botschafter des Systems.

Die Multiplikation des kleinen Anteiles

Die meisten Teilnehmer nehmen den Anteil des Plattformbetreibers nicht ernst. Er beschreibt ganz offen und ehrlich, dass für jeden Kauf ein Prozentsatz im einstelligen Bereich an ihn abfließt. Dafür stellt er die wundervolle Plattform zur Verfügung und betreibt diese. Wo man selbst tagtäglich Geld verdient, ist es doch selbstverständlich, dass man diese Peanuts gern verschmerzt und dem Plattformbetreiber von Herzen gönnt.

Tatsächlich sind die besagten 5% ein riesiges Geschäft - und der Betreiber ist einer der ganz wenigen, die überhaupt Geld verdienen.

Um das Ganze zu verstehen, lassen Sie uns annehmen, wir haben einen Teilnehmer, der einen Anteil für 50 US$ erwirbt. Dieser wird umgehend in Werbung investiert. Für dieses Investment zieht der Betreiber 5% ab. Der Teilnehmer erhält durch das Durchführen der Aufgaben innerhalb von einem Monat

20% mehr zurück, also 60 US$. Begeistert wie er ist, investiert er den Betrag immer wieder. Der Einfachheit halber investiert er immer am Stichtag pro Monat und nicht dazwischen so früh wie möglich. Sie können es gern auch damit durchrechnen und werden feststellen, dass der Totalverlust nur schneller eintritt.

Unterschiedliche Plattformen rechnen mit unterschiedlichen Einsätzen, Prozentsätzen etc. Sie können nach demselben Muster auch für jede andere Plattform ausrechnen, wie lange es dauert, bis Ihr Geld real dem Betreiber gehört.

Monat 0

Investment des TN: US$ 50 (* dafür erhalten Sie außerdem einen Werbebonus oder ähnliche Zusatzleistungen)

Profit Plattformbetreiber: US$ 2.50 (5%)

Realer Restbetrag im System: US$ 47.50

Monat 1

Buchwert des Anteils des TN: US$ 60

Davon reinvestiert er: US$ 50 *

Profit Plattformbetreiber: US$ 2.50 (5%)

Realer Restbetrag im System: US$ 45.00

Monat 2

Buchwert des Anteils des TN: US$ 70

Davon reinvestiert er: US$ 50 *

Profit Plattformbetreiber: US$ 2.50 (5%)

Realer Restbetrag im System: US$ 42.50

Monat 3

Buchwert des Anteils des TN: US$ 80

Davon reinvestiert er: US$ 50 *

Profit Plattformbetreiber: US$ 2.50 (5%)

Realer Restbetrag im System: US$ 40.00

Monat 4

Buchwert des Anteils des TN: US$ 90

Davon reinvestiert er: US$ 50 *

Profit Plattformbetreiber: US$ 2.50 (5%)

Realer Restbetrag im System: US$ 37.50

Monat 5

Buchwert des Anteils des TN: US$ 100

Davon reinvestiert er für 2 Anteile: US$ 100 *

Profit Plattformbetreiber: US$ 5.00 (5%)

Realer Restbetrag im System: US$ 32.50

Monat 6

Buchwert des Anteils des TN: US$ 120

Davon reinvestiert er für 2 Anteile: US$

100 *

Profit Plattformbetreiber: US$ 5.00 (5%)

Realer Restbetrag im System: US$ 27.50

Monat 7

Buchwert des Anteils des TN: US$ 140

Davon reinvestiert er für 2 Anteile: US$ 100 *

Profit Plattformbetreiber: US$ 5.00 (5%)

Realer Restbetrag im System: US$ 22.50

Monat 8

Buchwert des Anteils des TN: US$ 160

Davon reinvestiert er für 3 Anteile: US$ 150 *

Profit Plattformbetreiber: US$ 7.50 (5%)

Realer Restbetrag im System: US$ 15.00

Monat 9

Buchwert des Anteils des TN: US$ 190

Davon reinvestiert er für 3 Anteile: US$ 150 *

Profit Plattformbetreiber: US$ 7.50 (5%)

Realer Restbetrag im System: US$ 7.50

Monat 10

Buchwert des Anteils des TN: US$ 220

Davon reinvestiert er für 4 Anteile: US$ 200 *

Profit Plattformbetreiber: US$ 10.00 (5%)

Realer Restbetrag im System: US$ - 2.50

Selbst wenn der Betreiber kein Geld aus dem System entnehmen würde könnte das System nicht funktionieren. Die Plattform müsste mit dem Verkauf von Werbung einen

Profit machen, der höchstens mit illegalen Geschäften realisierbar wäre, um den benötigten Gewinn zu erzielen, allen Beteiligten ihren Profit wie versprochen auszubezahlen.

Es gibt in der deutschen Sprache das Sprichwort, dass ein Krug so oft zum Brunnen geht, bis er bricht. Gemeint ist, dass es einen Zeitpunkt gibt, wo etwas, was immer funktioniert hat, plötzlich nicht mehr klappt.

Nach zehn Monaten besitzt der Anleger nun Anteile in Höhe von US$ 220 und alles Geld, was er ursprünglich eingesetzt hat, ist inzwischen aus dem System abgeflossen und an den Betreiber übergangen.

Angenommen, unser Teilnehmer möchte nun ein Haus kaufen und er beschließt deshalb, sein Geld auszahlen zu lassen. Woher stammen nun die US$ 220, die er bald schon auf seinem Bankkonto sehen will?

Dass diese kaum aus Werbeeinnahmen

von Werbetreibenden (die nicht Mitglied im System sind) stammen, haben wir bereits nachgewiesen. Sollte einer dieser Werbetreibenden tatsächlich werben wollen, dann könnte er außerdem, statt Werbung teuer zu buchen, selbst Anteile erwerben und damit zum »Nulltarif« werben und gleichzeitig »Geld verdienen«.

Verzichtet der Plattformbetreiber auf seinen Anteil? - Warum sollte er? Schließlich betreibt er die Plattform, um Geld zu verdienen, und er hat gemäß den Bestimmungen der Plattform das Recht auf seinen Anteil.

Es bleibt nur, dass die Auszahlung aus den Beiträgen von anderen Teilnehmern stammt, deren restlicher Saldo noch nicht vollständig an den Systembetreiber geflossen ist. Das können neue Teilnehmer sein oder solche, die durch das Einbringen zusätzlicher Beträge den im System befindlichen realen Geldbetrag erhöht haben.

Das ganze System funktioniert so lange, wie es im System mehr reale Restbeträge gibt, wenn diese an die Teilnehmer ausbezahlt werden sollen. Irgendwann wird zu wenig Geld vorhanden sein und die Bedingungen werden wahrscheinlich so angepasst, dass Auszahlungen möglicherweise eine Bearbeitungsfrist von einigen Wochen benötigen (normalerweise wird dafür die Vorsorge gegen Geldwäsche oder Terrorismus vorgeschoben). Damit kauft sich das System noch ein paar zusätzliche Wochen, in denen es weiterhin Beträge neuer Mitglieder abgreifen kann, bis das System schließlich trocken ist.

Zu diesem Zeitpunkt müssen die Teilnehmer am System schmerzlich feststellen, dass es einen erheblichen Unterschied zwischen »Buchwert« und realem Wert gibt. Selbst wenn Sie Millionen Buchwert im System angespart haben sollten - der reale Wert, der Ihnen davon ausbezahlt wird, liegt bei 0.

Diejenigen, welche ihr Geld noch rechtzeitig ausbezahlen ließen, werden sich nicht wirklich freuen können. Sie haben zwar Geld verdient, dürften sich aber einen neuen Freundeskreis suchen müssen.

Die Garantie-Lüge

Sie nennen sich »Sicherungsfonds«, »Garantie-Fonds«, »Rückzahl-Garantie« oder Ähnliches. Im Wesentlichen beschreiben sie alle dasselbe: Der Betreiber der Plattform behauptet, dass alle Einzahlungen ins System abgesichert seien. Dazu werfen sie mit Fachbegriffen und großen Namen um sich.

Um herauszufinden, was solche Garantien wert sind, lassen Sie uns ein bisschen über Sicherheit reden und anschließend darauf basierend einige Rechnungen anstellen.

Wie kann ein Investment abgesichert werden?

Im Wesentlichen gibt es drei Systeme, um ein Kapital abzusichern:

- Man kann den Betrag hinterlegen und nicht benutzen.
- Man kann etwas Gleichwertiges als Sicherheit hinterlegen.
- Man kann einen Dritten (Versicherung o.ä.) finden, der für die eingebrachten Werte garantiert und basierend auf seinem Vermögen sicherstellen kann, im Verlustfall den Schaden zu ersetzen.

Lassen Sie uns die drei Varianten genauer betrachten.

Hinterlegung

Dass der Betrag nicht hinterlegt wird, ist deshalb klar, weil er laufend schrumpft (Plattformentschädigung, Auszahlung an austretende Mitglieder). Die Plattform besitzt kaum weitere Einnahmequellen - selbst wenn alle im System befindlichen Restbeträge permanent in den besten Aktien angelegt würden, wäre der Profit nicht zu erreichen, um die Beträge abzusichern.

Gleichwertige Sicherheit

Welche sollte das sein? Ist es realistisch zu glauben, dass der Betreiber ein Gutmensch ist und sein privates Vermögen (so er denn eines besitzt) quasi als Garantie für seine Kunden einsetzt?

Absicherung

Die Absicherung eines Risikos lassen sich professionelle Firmen mit hohen Prämien vergolden. Das Risiko wird dadurch ermittelt, dass die Eintretenswahrscheinlichkeit (diese müsste von jedem einigermaßen gescheiten Versicherungsmathematiker mit gegen 100% angesetzt werden) und das Schadensausmaß (das wäre in jedem Fall nahezu 100%, denn erst dann implodiert das System) bewertet werden. Die Versicherungsprämien lägen für eine solche Absicherung bei fast 100% der Summe - was einerseits keine seriöse Firma anbieten würde und andererseits für den Betreiber auch keinen Sinn machen würde.

Wenn Sie herausfinden wollen, ob die Garantie (und damit der Plattformbetreiber) etwas taugt, lassen Sie sich die Garantieerklärung zeigen. Folgende Punkte sollten Sie prüfen:

- Wer hat die Garantie ausgestellt (ein Obdachloser kann auch eine Garantie-Erklärung über 100 Mio. unterschreiben - ob er im Schadensfall diesen Betrag bezahlen kann, ist eine andere Frage)?

- Prüfen Sie, ob das die Organisation, welche die Garantieerklärung ausgestellt hat, auch weiß.

- Gibt es eventuell irgendwelche Haftungseinschränkungen (z.B. Maximum x% der einbezahlten Prämiensumme oder Ähnliches).

- Unter welchen Bedingungen muss nichts bezahlt werden?

- Sollte das System von einem Gericht als illegal angesehen werden, besteht die Möglichkeit, dass die Teilnehmer als Teilnehmer an einem illegalen System gar keinen Anspruch auf Leistungen haben.

Wie Sie solche Systeme erkennen

Die meisten Menschen tendieren dazu, nicht allzu genau hinschauen zu wollen, wenn ein Geschäft einen Profit zu versprechen scheint. Eine gewisse Grundgier scheint bei den meisten Menschen »eingebaut« zu sein.

Tatsächlich sollten Sie besonders vorsichtig sein, wenn eine oder mehrere der folgenden Punkte auf ein Angebot zutrifft, egal ob es sich um eine Online-Plattform, einen Brief vom Typ »Herr X aus Y ist gestorben und hat ein Vermögen von 10 Mio. US$ hinterlassen« oder ein Angebot im realen Leben handelt:

Es werden Ihnen Gewinne von weit über 5% innerhalb von kurzer Zeit garantiert (hohe

Gewinne heißt immer auch hohes Risiko - wäre es anders, würde der Anbieter die Leistung nicht Ihnen als Kleininvestor anbieten, sondern ginge zu einer Bank oder einem professionellen Kapitalgeber)

Ihnen wird für minimale, einfache Leistungen ein hoher Profit versprochen.

Sie verstehen nicht wirklich, wie der Anbieter sein Geld verdient (fragen Sie nach und rechnen Sie das Ganze näherungsweise durch, wie ich das im 3. Kapitel gemacht habe. - Ist es realistisch, mit dem System genug Geld zu verdienen, um Ihnen Ihren Profit langfristig auszuzahlen)?

Wenn es zu gut, um wahr zu sein, scheint - dann ist es in den meisten Fällen auch so. »Papier ist geduldig und das Internet sowieso«.

Es wird mit Garantie-Fonds, mit der Zusammenarbeit mit namhaften Banken und Organisationen geworben. (Ein Bankkonto kann jeder eröffnen, und auch Mitglied einer

Organisation zu werden ist meist nicht so kompliziert und beschränkt sich oft darauf, einen Mitgliedsbeitrag zu überweisen). Selbst Garantie-Fonds und prominente Teilnehmer sind keine Garantie, dass Sie Ihr Geld je wiedersehen. Es gibt auch unter Prominenten Menschen, die für das richtige Honorar »alles tun würden«, ohne zu hinterfragen, wofür sie Werbung machen.

Menschen, die das System kritisch betrachten, werden diffamiert und teilweise zum Feind erklärt, der den Teilnehmern den Erfolg nicht gönne.

Was soll ich tun, wenn ich in einem solchen System involviert bin?

Sollten Sie aktuell bereits in einem entsprechenden System eingeschrieben sein, sollten Sie in jedem Fall versuchen, Ihren realen Einsatz so bald wie möglich aus dem System zu ziehen. Ob Sie den gewonnenen Betrag weiterhin sozusagen als Spielgeld betrachten wollen, um zu sehen, wie lange das System noch läuft oder nicht, ist Ihnen überlassen. Manche Menschen gehen gern nach dem Motto »Den Letzten beißen die Hunde« vor und treiben das System wissentlich weiter und reißen weitere Teilnehmer ins System herein, nachdem sie ihren Einsatz zurück haben. Andere Menschen vertreten hier eine andere ethische Einstellung.

Neben rein ethischen Erwägungen ist

auch zu prüfen, wie die gesetzliche Lage betreffend Schneeballsysteme in Ihrem Land ist. Ist die Teilnahme strafbar? Müssen Gewinne versteuert werden?

Schließlich und endlich sollte man sich auch bewusst sein, dass man durchaus die Befürchtung haben kann, dass die Betreiber solcher Systeme nicht nur sich selbst reich machen, sondern als Strohmänner für weitergehende kriminellere Kreise agieren könnten.

Das Feindbild

Ich rechne damit, dass ich für dieses Buch jede Menge   negative Feedbacks bekomme. Tatsächlich zeichnen sich Systeme, durch die auf halblegalem oder illegalem Weg Geld verdient werden kann, dadurch aus, dass es letzten Endes immer darauf hinausläuft, dass jeder, der sich kritisch äußert, der Feind ist, den es zu bekämpfen gilt.

In der Tat ist es sogar so, dass solche Systeme einen Feind brauchen. Dieser stärkt das Zusammengehörigkeitsgefühl und die Entschlossenheit der Gruppe. Solange man gemeinsam gegen den Feind steht, hinterfragt man nicht die eigene Gruppe und ihre Regeln. Dieses Muster machen sich totalitäre Staaten und Diktaturen seit Jahrtausenden zunutze. Die Betreiber solcher Systeme (nicht unbedingt deren Galionsfiguren) wenden derartige Techniken gern an.

Ich will und kann niemandem vorschreiben, ob er an einem Online-Schneeball-System teilnehmen will oder nicht. Das soll jeder für sich selbst entscheiden. Ich habe nichts dagegen, wenn jeder der Teilnehmer reich wird, im Gegenteil: Ich wünsche es jedem von Herzen. Allerdings denke ich, dass ich mit diesem Buch aufgezeigt habe, dass die Wahrscheinlichkeit, dass viele der Teilnehmer ihren Einsatz komplett verlieren werden, enorm hoch ist. Ich hoffe sehr, Sie gehören nicht dazu.